Antike zum Anfassen

Hieronymus Vulgata

Bearbeitet von Dr. Stefan Beck

Vandenhoeck & Ruprecht

Mit 11 Abbildungen

Bibliografische Information der Deutschen Nationalbibliothek

Die Deutsche Nationalbibliothek verzeichnet diese Publikation in der Deutschen Nationalbibliografie; detaillierte bibliografische Daten sind im Internet über http://dnb.d-nb.de abrufbar.

ISBN 978-3-525-71742-4

Weitere Ausgaben und Online-Angebote sind erhältlich unter: www.v-r.de

© 2018, Vandenhoeck & Ruprecht GmbH & Co. KG,
Theaterstraße 13, D-37073 Göttingen
www.vandenhoeck-ruprecht-verlage.com
Alle Rechte vorbehalten. Das Werk und seine Teile sind urheberrechtlich geschützt. Jede Verwertung in anderen als den gesetzlich zugelassenen Fällen bedarf der vorherigen schriftlichen Einwilligung des Verlages. Printed in Germany.

Satz: SchwabScantechnik, Göttingen
Druck und Bindung: ⊕ Hubert & Co. GmbH & Co. KG BuchPartner,
Robert-Bosch-Breite 6, D-37079 Göttingen

Gedruckt auf alterungsbeständigem Papier.

Inhalt

Hieronymus	5
Überblick über die *Vulgata*	6
Wichtige rhetorische Stilmittel im Lateinischen	7
1 Die Erschaffung der Welt I – Erde, Himmel, Meere	8
2 Die Erschaffung der Welt II – Bewohner der neuen Erde	10
3 Die Weihnachtsgeschichte	12
4 Die Bergpredigt – das Grundsatzprogramm eines neuen Glaubens?	14
5 Der verlorene Sohn	16
6 Schuld und Unschuld	18
7 Mensch und Staat I – Steuern für den Kaiser	20
8 Mensch und Staat II – Rechtfertigung der staatlichen Ordnung	22
9 Ist Glauben allein genug?	24
Eigennamenverzeichnis	26
Lernwortschatz	27
Zeittafel – Entstehung und Verbreitung des frühen Christentums	31
Bildnachweis	32
Literatur	32

Liebe Schülerin, lieber Schüler!

Die lateinische Bibelübersetzung des Hieronymus, die *Biblia Sacra Vulgata,* zählt zu den bedeutendsten lateinischen Werken der Spätantike, als die Macht des *Imperium Romanum* immer mehr bröckelte und die neue christliche Religion allmählich den Glauben an die alten Götter verdrängte.

Diese Textausgabe enthält Ausschnitte aus dem Alten und Neuen Testament, die Teil der Weltliteratur geworden sind und auch heute noch oftmals gelesen oder – wie im Falle der Weihnachtsgeschichte – sogar nachgespielt werden. Andere Episoden wie der Schöpfungsbericht zeigen, mit welchen Augen die Menschen der Antike ihre Welt sahen und wie sie sich ihre Entstehung erklärten. Vor allem in den Texten des Neuen Testaments wird häufig die Frage gestellt, wie sich der Einzelne gegenüber seinen Mitmenschen und der Gesellschaft richtig verhalten soll und auf welche Weise wichtige Werte wie Gerechtigkeit, Toleranz und Hilfsbereitschaft im Alltagsleben umgesetzt werden können.

Für die Übersetzung der Texte und ihre Interpretation findest du folgende Hilfen:
- Vor den Textkapiteln findest du eine Übersicht über die wichtigsten rhetorischen Mittel im Lateinischen.
- Jedes Kapitel beginnt mit Übungssätzen, in denen wichtige Grammatikphänomene, die dir bereits aus dem Lehrbuch bekannt sind, noch einmal wiederholt werden.
- In der Kommentarspalte neben dem lateinischen Text findest du vielfältige Hilfen zu grammatikalischen Besonderheiten, unbekannten Wörtern und sachlichen Hintergründen.
- Alle Eigennamen, die in den Texten erwähnt werden, sind in einem abschließenden Verzeichnis erklärt.
- Zu jedem Kapitel findet sich im hinteren Teil des Heftes ein Abschnitt zu wichtigen Lernwörtern, die dir auch in anderen lateinischen Texten häufig begegnen.
- In einer Zeittafel werden die Entstehung der Bibel und wichtige Stationen der Verbreitung des Christentums dargestellt.
- Viele verschiedene Aufgaben und Zusatzmaterialien sollen dir dabei helfen, die Texte zu erschließen und besser zu verstehen.

Hieronymus

Sophronius Eusebius Hieronymus wurde im Jahr 347 in Stridon, einer Kleinstadt in der römischen Provinz *Dalmatia* auf dem Balkan, geboren. Er stammte aus einer wohlhabenden Familie. Obwohl sich seine Eltern bereits zum Christentum bekannten, ließen sie ihren Sohn nicht taufen. Wie viele junge Männer aus den Provinzen wurde Hieronymus zum Studium nach Italien geschickt, wo er sich in Rom und Mailand vor allem mit Grammatik, Rhetorik und Philosophie befasste.

Nachdem er dort Freundschaft mit christlichen Mitstudenten geschlossen hatte, ließ auch er sich taufen. Um 373 begab sich Hieronymus in den Osten des *Imperium Romanum*, wo er einige Jahre als Eremit (Einsiedler) in Syrien lebte. Diese Zeit nutzte er auch, um Griechisch und Hebräisch zu lernen. Nach seiner Priesterweihe und einem theologischen Studium in Konstantinopel kehrte er 382 nach Rom zurück, um als Sekretär in den Dienst des Papstes Damasus I. zu treten. Dabei knüpfte er auch Kontakte zum christlichen Adel der Stadt. Nach einem innerkirchlichen Streit verließ er Rom 384 und begab sich nach Bethlehem, wo er mehrere Klöster gründete. Der Legende nach soll er einem verletzten Löwen einen Dorn aus der Pfote gezogen haben. Zum Dank wurde das Tier von da an sein treuer Begleiter.

Hieronymus galt schon unter seinen Zeitgenossen als sehr belesener und gebildeter Mann, der aufgrund seines außergewöhnlichen literarischen Wissens geschätzt wurde. Doch er war auch selbst ein sehr produktiver Autor: So verfasste er neben verschiedenen theologischen Kommentaren und Abhandlungen auch eine Chronik sowie zahlreiche Briefe an andere Gelehrte seiner Zeit, die auch heute noch erhalten sind.

Am bekanntesten ist Hieronymus jedoch für seine Übersetzungen, von denen die lateinische *Biblia Sacra Vulgata* am bedeutendsten ist. Hierfür überarbeitete Hieronymus nicht nur ältere lateinische Bibelfassungen, sondern griff auch auf die griechischen und hebräischen Urtexte zurück, wobei ihm seine umfassenden Sprachkenntnisse eine große Hilfe leisteten. Sein umfangreiches literarisches Werk trug wesentlich dazu bei, dass Hieronymus zu den vier bedeutendsten Kirchenvätern der Antike gezählt und nach seinem Tod im Jahr 420 sogar heiliggesprochen wurde.

Abb. 1: *Hieronymus im Gehäus*, Kupferstich von Albrecht Dürer (1514).

Überblick über die *Vulgata*

Wie auch die moderne deutschsprachige Fassung der Bibel umfasst die *Biblia Sacra Vulgata* des Hieronymus sowohl das Alte als auch das Neue Testament.

Das Alte Testament beinhaltet die heiligen Schriften des Judentums, die ursprünglich in hebräischer und zum Teil auch aramäischer Sprache abgefasst wurden. Den Anfang bildet der Schöpfungsbericht im 1. Buch Mose *(Genesis)*. Die insgesamt 46 Bücher entstanden zwischen dem 8. und 2. Jahrhundert v. Chr., wobei vermutlich auch Bestandteile aus weit älteren Schriften eingebunden wurden. Da das Christentum aus der jüdischen Religion hervorgegangen ist, besitzen diese Texte auch für die Christen große Bedeutung, da Ereignisse aus dem Neuen Testament hier bereits angedeutet werden.

Im Zentrum des Neuen Testaments steht die Person Jesu von Nazareth (ca. 4 v.–30 n. Chr.), der von den Christen als Messias und Sohn Gottes verehrt wird. Das Neue Testament besteht aus folgenden Teilen: die vier Evangelien aus den Federn des Matthäus, Markus, Lukas und Johannes, der sog. Evangelisten, welche vom Leben und Wirken sowie dem Tod und der Auferstehung Jesu berichten, die Apostelgeschichte, 21 Briefe an frühchristliche Gemeinden und einzelne christliche Adressaten sowie die Offenbarung des Johannes. Die insgesamt 27 Texte wurden im 1. Jahrhundert n. Chr. in griechischer Sprache verfasst.

Das Neue Testament war bereits vor Hieronymus ins Lateinische übersetzt worden und unter dem Begriff *Vetus Latina* (»alte lateinische Übersetzung«) im Westen des *Imperium Romanum* verbreitet. Hieronymus griff auf diese Fassung zurück, überarbeitete sie jedoch umfassend und nahm an einigen Stellen wohl auch Änderungen am Text vor. Bei der Übertragung des Alten Testaments leistete er echte Pionierarbeit, da bisher keine vollständige lateinische Übersetzung dieser Bücher existierte. Während Hieronymus zu Beginn seiner Arbeit hauptsächlich auf die griechische Fassung des Alten Testaments, die sogenannte *Septuaginta*, zurückgriff, nahm er sich ab 393 auch die hebräischen Urtexte vor. Die Bezeichnung *Vulgata* (von *vulgatus, a, um*: im Volk verbreitet) ist jedoch modernen Ursprungs und verweist auf die Bedeutung, die das Werk mit der Zeit gewann.

Nachdem in der Spätantike noch mehrere Bibelfassungen nebeneinander existiert hatten, setzte sich die *Vulgata* bis in die Zeit Karls des Großen (9. Jahrhundert) immer mehr durch. Im Mittelalter wurde sie schließlich zur einzig gültigen Fassung der Bibel in West- und Mitteleuropa; ihre Verbreitung wurde durch die Erfindung des Buchdrucks in der Mitte des 15. Jahrhunderts noch gesteigert. Erst durch die protestantische Bewegung und das Erscheinen der deutschsprachigen Lutherbibel im 16. Jahrhundert nahm ihre Bedeutung allmählich ab.

Wichtige rhetorische Stilmittel im Lateinischen

Alliteration	gleicher Anfangslaut zweier oder mehrerer nahe beieinander stehender Wörter	**S**icut **s**criptum est. (Cor 2,9,9)
Anapher	Beginn zweier oder mehrerer Sätze/Satzteile mit demselben Wort	**Quaecumque** sunt vera, **quaecumque** pudica, **quaecumque** iusta … haec cogitate! (Phil 4,8)
Antithese	Gegenüberstellung gegensätzlicher Aussagen/Begriffe	Omnia … quae in **caelis** et quae in **terra** sunt. (Eph 1,10)
Asyndeton	Verzicht auf Konjunktionen zwischen einzelnen Wörtern oder Satzteilen	Misit Deus filium suum **factum ex muliere, factum sub lege.** (Gal 4,4)
Chiasmus	korrespondierende Wörter oder Teilsätze stehen »über Kreuz«	**Dei** enim *minister* est … *ministri* enim **Dei** sunt. (Röm 13,4–6)
Hendiadyoin	Aneinanderreihung zweier Wörter mit ähnlicher oder gleicher Bedeutung	Coepit Iesus **praedicare** et **dicere.** (Mt 4,17)
Klimax	Häufung sich steigernder Begriffe	**Surge** et **accipe** puerum et matrem eius et **fuge** in Aegyptum! (Mt 2,13)
Parallelismus	parallele Anordnung von Satzteilen	Unus est **Deus, ex quo omnia est,** … et unus **Dominus, per quem omnia est.** (Cor 1,8,6)
Polysyndeton	Häufung von Konjunktionen zwischen einzelnen Wörtern oder Satzteilen	**Et** multa turba a Galilaea **et** Iudaea secuta est eum **et** ab Hierosolymis **et** ab Idumea **et** trans Iordanen. (Mc 3,7 f.)

1 Die Erschaffung der Welt I – Erde, Himmel, Meere

GR: Konjunktive im Hauptsatz – Jussiv und Hortativ
1. Deus dixit: »Fiat lux in terra!«
2. Aspiciamus stellas et lunam in caelo fixam!
3. Sol, luna, stellae diem a nocte dividant!
4. Colamus agros et herbas!

Gen 1,1–1,19

Am Beginn der Bibel steht der sogenannte »Schöpfungsbericht«. Die Erschaffung der Welt und ihrer Bewohner wird zu einem Großprojekt, das einer genauen Planung bedarf …

In principio creavit Deus caelum et terram. Dixitque Deus: »Fiat lux.« Et facta est lux. Appellavitque lucem Diem et tenebras Noctem. Factumque est vespere et mane: dies unus.

5 Dixit quoque Deus: »Fiat firmamentum in medio aquarum et dividat aquas ab aquis.« Et fecit Deus firmamentum divisitque aquas, quae erant sub firmamento, ab his, quae erant super firmamentum. Vocavitque Deus firmamentum caelum. Et factum est vespere et mane: dies secundus.

10 Dixit vero Deus: »Congregentur aquae, quae sub caelo sunt, in locum unum et appareat arida.« Et vocavit Deus aridam Terram, congregationesque aquarum appellavit Maria. Et protulit terra herbam virentem et facientem semen iuxta genus suum lignumque faciens fructum et
15 habens unumquodque sementem secundum speciem suam. Et factum est vespere et mane: dies tertius.

Dixit autem Deus: »Fiant luminaria in firmamento caeli et dividant diem ac noctem et sint in signa et tempora et dies et annos, ut luceant in firmamento caeli et illuminent
20 terram.« Fecitque Deus duo luminaria magna: Luminare maius, ut praeesset diei, et luminare minus, ut praeesset nocti. Et dividerent lucem ac tenebras. Et factum est vespere et mane: dies quartus.

principium, i (n.): Anfang, Beginn

tenebrae, arum (f./Pl.): Dunkelheit; **vespere et mane:** *hier:* Subst.: Abend und Morgen; **unus,** a, um: *entspr. primus;* **firmamentum,** i (n.): *vgl. dt. Fremdwort*

congregari: *hier:* zusammenfließen; **arida,** orum (n./Pl.): das Trockene; **congregatio,** onis (f.): Subst. zu congregari; **virens,** entis: grün, jung

semen, inis (n.): Samen; **unusquisque:** jeder

luminare, is (n.): Licht

illuminare: beleuchten

A1 Bestimme alle Konjunktive im Text. Überlege, warum Hieronymus so häufig auf den Jussiv zurückgreift.

A2 Entnimm dem Text alle Formen im Partizip Präsens Aktiv und finde eine treffende Übersetzung.

A3 Skizziere die Erschaffung der Welt, indem du die einzelnen Phasen bis zur Erschaffung der Pflanzen bestimmst. Erstelle dazu eine Zeitleiste.

A4 Heute geht man davon aus, dass sich die Erde und das ganze Universum nach dem Urknall gebildet haben. Recherchiere im Internet, wie moderne Naturwissenschaftler die Entstehung der Welt erklären.

A5 Im Alten Orient stellten sich die Menschen die Welt gleichsam unter einer »Käseglocke« zwischen zwei Ozeanen vor (s. Abb. 2). Überprüfe, inwiefern diese Vorstellung auch Eingang in den Schöpfungsbericht gefunden hat.

Abb. 2: So stellten sich die Menschen im Alten Orient die Welt vor: Die Erde schwimmt auf dem Weltenmeer, darüber befindet sich der himmlische Ozean.

Die Erschaffung der Welt I

2 Die Erschaffung der Welt II – Bewohner der neuen Erde

GR: Gerund und Gerundiv
1. Deus hominibus herbas et multas bestias ad vivendum dedit.
2. Itaque multa animalia terram complendi causa creata sunt.
3. Viri et feminae opus laudandum Dei viderunt.
4. Tota terra et maria hominibus subicienda sunt.

Gen 1,20–2,2
Nach der Erschaffung von Himmel, Erde und Meer muss das öde Land mit Lebewesen bevölkert werden.

Dixit Deus: »Producant aquae reptile animae viventis et volatile super terram sub firmamento caeli.« Creavitque Deus omnem animam viventem atque motabilem, quam produxerant aquae, et omne volatile. Benedixitque
5 eis dicens: »Crescite et multiplicamini et replete aquas maris. Avesque multiplicentur super terram.« Et factum est vespere et mane: dies quintus.

reptile, is (n.): Kriechtier; **volatile,** is (n.): Vogel (beide Ausdrücke im Dt. im Pl.); **motabilis,** e: *hier:* sich bewegend; **benedicere:** segnen; **multiplicari:** sich vermehren; **replēre:** anfüllen, bevölkern

Dixit quoque Deus: »Producat terra animam viventem in genere suo, iumenta et reptilia et bestias.« Factumque est
10 ita. Et fecit Deus bestias terrae et iumenta et omne reptile terrae in genere suo.

iumentum, i (n.): Lasttier (für die Landwirtschaft)

Et creavit Deus hominem ad imaginem suam. Ad imaginem Dei creavit illum: Masculum et feminam creavit eos. Benedixitque illis Deus et ait: »Crescite et multiplicamini
15 et replete terram et subicite eam et dominamini piscibus maris et volatilibus caeli et universis animantibus, quae moventur super terram!«

ad: *hier:* nach; **masculus,** i (m.): Mann

dominari: beherrschen; **piscis,** is (m.): Fisch; **animantia,** ium (n.): Lebewesen; **moveri:** sich bewegen

Abb. 3: *Die Erschaffung Adams*, des ersten Menschen durch Gott. Fresko Michelangelos (zwischen 1508 und 1512).

Dixitque Deus: »Ecce, dedi vobis omnem herbam afferentem semen super terram et universa ligna, ut sint vobis
20 in escam, et cunctis animantibus terrae omnique volucri caeli et universis, quae moventur in terra et in quibus est anima vivens, ut habeant ad vescendum.« Et factum est ita. Viditque Deus cuncta, quae fecerat, et erant valde bona. Et factum est vespere et mane: dies sextus.

25 Igitur perfecti sunt caeli et terra et omnis ornatus eorum. Complevitque Deus die septimo opus suum, quod fecerat. Et requievit die septimo ab universo opere.

ecce: da, seht; **afferre:** hervorbringen; **in escam esse:** zur Nahrung dienen; **volucer,** is (f.): Vogel

vesci: sich ernähren

ornatus, us (m.): Ausstattung, Ausschmückung; **complēre:** *hier:* vollenden; **requiescere:** sich ausruhen

A1 Bestimme die nd-Form *vescendum* (Z. 22) und begründe deine Entscheidung.

A2 Erstelle eine Satzanalyse der wörtlichen Rede im 4. Absatz (Z. 18 bis 22). Erkläre die Bedeutung der ut-Sätze für den Inhalt des Gesagten.

A3 Erarbeite aus dem Text, welchen Auftrag Gott den neugeschaffenen Menschen erteilt. Beachte dabei vor allem die Zeilen 14 bis 22.

A4 In der Antike stellte man sich in vielen Kulturen Götter in Menschengestalt vor, die auch menschliche Eigenschaften besaßen (sogenannte »anthropomorphe« Göttervorstellung). Zeige am Text, dass auch der Gott des Alten Testaments menschliche Charakterzüge besitzt.

A5 Im Ulmer Münster, einer bedeutenden Kirche aus dem 14. Jahrhundert, findet sich eine bildliche Darstellung des Schöpfungsmythos (s. Abb. 4). Vergleiche das Relief mit dem Bericht aus der *Vulgata*. Welche Stellen finden sich genauso im Text? Wo hat der Bildhauer eigene Akzente gesetzt?

Abb. 4: Reliefdarstellung der Schöpfung am Westportal des Ulmer Münsters (um 1380).

3 Die Weihnachtsgeschichte

GR: Präpositionen

1. Edictum a Caesare Augusto factum est.
2. Ioseph cum Maria a Galilaea in suam civitatem iit.
3. Pastores in ea regione apud oves (ovis: Schaf) vigilabant.
4. Subito angelus iuxta pastores stetit et verba mira ad eos dixit.

Lc 2,1–20

Der jüdische Zimmermann Josef lebt zusammen mit seiner Verlobten Maria in dem kleinen Ort Nazareth. Plötzlich hören sie von einer merkwürdigen Nachricht des römischen Statthalters, die überall verlesen wird …

Factum est autem in diebus illis, exiit edictum a Caesare Augusto, ut describeretur universus orbis. Haec descriptio prima facta est praeside Syriae Cyrino. Et ibant omnes, ut profiterentur, singuli in suam civitatem. Ascendit autem et
5 Ioseph a Galilaea de civitate Nazareth in Iudaeam civitatem David, quae vocatur Bethleem, ut profiteretur cum Maria desponsata sibi, uxore praegnante. Ibi Maria peperit filium suum primogenitum et pannis eum involvit et reclinavit eum in praesepio, quia non erat eis locus in diversorio.

10 Et pastores erant in regione eadem vigilantes supra gregem suum. Et ecce, angelus Domini stetit iuxta illos et timuerunt timore magno. Et dixit illis angelus: »Nolite timere; ecce enim, evangelizo vobis gaudium magnum, quod erit omni populo, quia natus est vobis hodie salva-
15 tor; qui est Christus Dominus in civitate David. Et hoc vobis signum: Invenietis infantem pannis involutum et positum in praesepio.«

Et subito facta est cum angelo multitudo militiae caelestis laudantium Deum et dicentium: »Gloria in altissimis Deo
20 et in terra pax in hominibus bonae voluntatis.« Et factum est, ut discesserunt ab eis angeli in caelum, pastores loquebantur ad invicem: »Transeamus usque Bethleem et videamus, quod factum est, quod fecit Dominus et

factum … illis: *erg. ut;* **edictum exit:** ein Erlass wird bekannt gegeben; **describere:** *hier:* in Steuerlisten eintragen; **praeses, idis:** Statthalter; **Cyrinus, i** (m.): Quirinius (röm. Statthalter, s. S. 26)

profiteri: *hier:* sich eintragen, registrieren; **David:** *Gen.;* **desponsatus, a:** verlobt; **praegnans, antis:** schwanger; **primogenitus, a:** erstgeboren; **pannus, i** (m.): Tuch; **reclinare:** hineinlegen; **praesepium, i** (n.): Krippe; **diversorium, i** (n.): Gasthaus, Herberge
supra (m. Akk.): bei

evangelizare (griech.): verkünden
nasci: geboren werden; **salvator, oris** (m.): Retter; **qui:** *relat. Satzanschluss;* **et … signum:** *erg. erit*

fieri: *hier:* erscheinen; **militia caelestis** (f.): himmlisches Heer; **laudantium … et dicentium:** *entspr. laudans … dicens;* **altissima, orum** (n./Pl.): die (himmlischen) Höhen; **ut:** *hier:* sobald; **ad invicem:** zueinander; **transeamus … videamus:** *Hortativ*

ostendit nobis.« Et venerunt festinantes et invenerunt
25 Mariam et Ioseph et infantem positum in praesepio.

Videntes autem cognoverunt de verbo, quod dictum erat
illis de puero hoc. Et omnes, qui audierunt, mirati sunt.
Maria autem conservabat omnia verba haec conferens
in corde suo. Et reversi sunt pastores glorificantes et lau-
30 dantes Deum in omnibus, quae audierant et viderant,
sicut dictum est ad illos.

cognoscere de verbo: berichten, erzählen

conferre: *entspr. ferre*; **glorificari:** rühmen, preisen; **in … omnibus:** *hier:* für alles

A1 Entnimm dem Text alle Präpositionen, die einen Ablativ nach sich ziehen, und bestimme eine für den jeweiligen Kontext passende Bedeutung.

A2 In den Zeilen 19–30 findet sich häufig das Partizip Präsens Aktiv. Sammle alle Formen mit dem jeweiligen Bezugswort und übersetze sie wörtlich, mit Relativsatz sowie mit Adverbialsatz.

A3 Rekonstruiere anhand der Karte die Wegstrecke, die Joseph und Maria auf ihrem Weg nach Bethlehem nehmen mussten. Überlege, mit welchen Schwierigkeiten Reisende in der Antike zu kämpfen hatten.

A4 Auch der etwa zeitgleich schreibende Evangelist Matthäus berichtet von der Geburt Jesu (s. u.). Vergleiche seinen Text mit Lukas' Bericht.

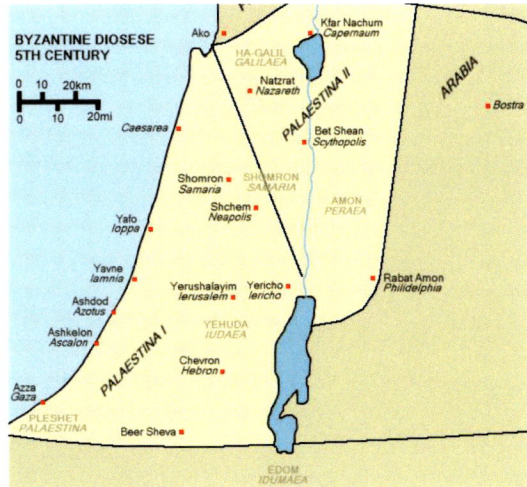

Abb. 5: Palästina

Zusatztext: Die Weihnachtsgeschichte bei Matthäus (Mt 2; gekürzt)

»Als Jesus zur Zeit des Königs Herodes in Betlehem in Judäa geboren worden war, kamen Sterndeuter aus dem Osten nach Jerusalem und fragten: »Wo ist der neugeborene König der Juden? Wir haben seinen Stern aufgehen sehen und sind gekommen, um ihm zu huldigen.« Als König Herodes das hörte, erschrak er. Die drei Weisen sahen das Kind und Maria, seine Mutter; da fielen sie nieder und huldigten ihm. Dann holten sie ihre Schätze hervor und brachten ihm Gold, Weihrauch und Myrrhe als Gaben dar. Als die Sterndeuter wieder gegangen waren, erschien dem Josef im Traum ein Engel des Herrn und sagte: »Steh auf, nimm das Kind und seine Mutter, und flieh nach Ägypten; dort bleibe, bis ich dir etwas anderes auftrage. Denn Herodes wird das Kind suchen, um es zu töten.« Da stand Josef in der Nacht auf und floh mit dem Kind und dessen Mutter nach Ägypten. Herodes aber ließ in Betlehem und der ganzen Umgebung alle Knaben bis zum Alter von zwei Jahren töten.«

Deutsche Einheitsübersetzung, Katholische Bibelanstalt. Stuttgart 1980.

4 Die Bergpredigt –
das Grundsatzprogramm eines neuen Glaubens?

GR: Partizip Präsens Aktiv/Ablativus absolutus

1. Iesus magnam turbam hominum procul aspiciens cum discipulis in montem ascendit.
2. Multis viris et mulieribus ubique concurrentibus ille eos magna voce docuit.
3. Eius oratio audientibus maxime placuit.
4. Stupentes et permoti domum redierunt.

Mt 5,1–7,12

Als Jesus von Nazareth mit seinen Jüngern durch Judäa zieht, findet sich eine große Menschenmenge bei ihm ein. Er nutzt die Gelegenheit, um den Neugierigen die Grundsätze seiner neuen Lehre zu verkünden.

Videns autem turbas ascendit in montem. Et cum sedisset aperiens os suum docebat eos dicens: »Beati pauperes, quoniam ipsorum est regnum caelorum. Beati, qui lugent, quoniam ipsi consolabuntur. Beati mites, quoniam ipsi
5 possidebunt terram. Beati, qui esuriunt et sitiunt iustitiam, quoniam ipsi saturabuntur. Beati misericordes, quia ipsi misericordiam consequentur. Beati mundo corde, quoniam ipsi Deum videbunt. Beati pacifici, quoniam filii Dei vocabuntur.

10 Beati, qui persecutionem patiuntur propter iustitiam, quoniam ipsorum est regnum caelorum. Beati estis, cum maledixerint vobis et persecuti vos fuerint et dixerint omne malum adversum vos mentientes propter me. Gaudete et exsultate, quoniam merces vestra copiosa est
15 in caelis. Sic enim persecuti sunt prophetas, qui fuerunt ante vos.«

Audistis, quia dictum est: »Oculum pro oculo et dentem pro dente.« Ego autem dico vobis: Non resistere malo; sed si quis te percusserit in dextera maxilla tua, praebe
20 illi et alteram. Et ei, qui vult tecum iudicio contendere et tunicam tuam tollere, remitte ei et pallium!

---

pauper, eris: arm, bedürftig

ipsorum: *Genitivus possessivus;* **lugēre:** trauern; **consolari:** trösten; **mitis,** is: mild, sanft; **esurire:** hungern (nach)

saturare: sättigen

mundus, a, um: rein; **cor,** cordis (n.): Herz; **pacificus,** a, um: friedlich

persecutio, onis (f.): Verfolgung

maledicere: schmähen, beschimpfen; **mentiri:** lügen

exsultare: jubeln, fröhlich sein; **copiosus,** a, um: reichlich; **propheta,** ae (m.): *vgl. dt. Fremdwort*

quia: *hier:* dass

percutere: schlagen, hauen; **maxilla,** ae (f.): Kinnbacke, Wange; **pallium,** i (n.): Mantel

Audistis, quia dictum est: »Diliges proximum tuum et
odio habebis inimicum tuum.« Ego autem dico vobis:
Diligite inimicos vestros et orate pro persequentibus   **oriri:** aufgehen
25 vos, ut sitis filii Patris vestri, qui in caelis est, quia solem
suum oriri facit super malos et bonos. Si enim dilexeritis
eos, qui vos diligunt, quam mercedem habetis? Nonne et
publicani hoc faciunt?   **publicanus,** i (m.): Steuerpächter

Omnia ergo, quaecumque vultis, ut faciant vobis homines,
30 ita et vos facite eis: Haec est enim lex et prophetae.«

A1 Bestimme die Partizip-Formen im Text. Beurteile jeweils, welche der folgenden Übersetzungsmöglichkeit am treffendsten ist:
    – wörtlich   – Adverbialsatz (z. B. mit temporaler, kausaler, modaler
    – Relativsatz   oder konzessiver Sinnrichtung)
    – Präpositionalausdruck – Beiordnung

A2 Erstelle eine Satzanalyse der Zeilen 24–26.

A3 Bestimme die Adressaten der Bergpredigt. Welche Personengruppen sollen sich von der neuen Religion besonders angesprochen fühlen?

A4 Das Christentum gilt als eine friedliebende Religion. Suche in der Bergpredigt Textstellen, in denen die Abneigung gegen Gewalt deutlich wird.

A5 Die Aussage des letzten Abschnitts (Z. 29 f.) ist in der praktischen Ethik unter dem Begriff »Goldene Regel« bekannt. Überlege, welches moderne Sprichwort hierauf Bezug nimmt, und finde Beispiele aus dem Alltag, in denen nach diesem Grundsatz gehandelt wird.

A6 Die Bergpredigt wurde seit dem Mittelalter in zahlreichen Kunstwerken dargestellt. Vergleiche die beiden Abbildungen.

Abb. 6: *Die Bergpredigt*, Darstellung in der Matthäus-Kirche in Kopenhagen.

Abb. 7: *Die Bergpredigt*, Fresko von Fra Angelico (1437–1445).

5 Der verlorene Sohn

GR: cum als Präposition und Subjunktion

1. Filius miser, cum cibos porcorum (Schweine) vidit, domum redire cupiebat.
2. Pater maxime gavisus est, cum filium adulescentem aspiceret.
3. Servi, cum filius alter invidia commotus esset, convivium (Gastmahl) paraverunt.
4. Pater enim illi antea non licuit cum amicis cenam magnam habere.

Lk 15,11–32

Anhand eines Gleichnisses macht Jesus seinen Zuhörern deutlich, welche Bedeutung Gerechtigkeit und Vergebung auch im Alltagsleben der Menschen einnehmen …

Homo quidam habuit duos filios. Et dixit adulescentior ex illis patri: »Pater, da mihi portionem substantiae, quae me contingit!« Et divisit illis substantiam. Et non post multos dies congregatis omnibus adulescentior filius
5 peregre profectus est in regionem longinquam et ibi dissipavit substantiam suam vivendo luxuriose. Postquam omnia consummavisset, facta est fames valida in regione illa et ipse coepit egere.

portio, onis (f.): Anteil, Teil; **substantia,** ae (f.): Erbe; **contingere:** zustehen

peregre (Adv.): in die Fremde; **dissipare:** verschwenden, vergeuden; **consummare:** aufbrauchen; **fames,** is (f.): Hungersnot; **validus,** a, um: *hier:* schlimm; **egēre:** Not leiden

Et abiit et adhaesit uni civium regionis illius et misit illum
10 in villam suam, ut pasceret porcos. Et cupiebat implere ventrem suum de siliquis, quas porci manducabant, et nemo illi dabat. In se autem reversus dixit: »Quanti mercenarii in domo patris mei abundant panibus, ego autem hic fame pereo! Surgam et ibo ad patrem meum et dicam
15 ei: ›Pater, peccavi in caelum et coram te et iam non sum dignus vocari filius tuus. Fac me sicut unum de mercenariis tuis! ‹« Et venit ad patrem suum.

adhaerēre: in jds. Dienste treten; **porcus,** i (m.): Schwein; **siliqua,** ae (f.): Schote; **manducare:** fressen

mercennarius, i (m.): Knecht; **abundare** (m. Abl.): Überfluss an etwas haben; **peccare:** einen Fehler begehen, sündigen; **coram** (m. Abl.): vor, in Gegenwart von

Cum autem adhuc longe esset, vidit illum pater et misericordia motus est et osculatus est eum. Dixitque ei filius:
20 »Pater, peccavi in caelum, et coram te. Iam non sum dignus vocari filius tuus.« Dixit autem pater ad servos suos: »Cito proferte stolam primam et induite illum et adducite vitulum saginatum et occidite et manducemus

osculari: küssen

proferre: herbeiholen; **stola prima,** ae (f.): das beste Gewand; **induere:** anziehen; **vitulum saginatum,** i (n.): gemästetes Kalb; **revivere:** wieder lebendig werden; **epulari:** essen, speisen

et epulemur, quia hic filius meus mortuus erat et revixit.
25 Perierat et inventus est!« Et coeperunt epulari.

Erat autem filius eius senior in agro et, cum veniret et appropinquaret domui, audivit symphoniam. Unum de servis interrogavit, quid haec essent. Isque dixit illi: »Frater tuus venit et occidit pater tuus vitulum saginatum, quia salvum
30 illum recepit.« Indignatus est autem et nolebat introire.

Pater ergo coepit rogare illum. At ille respondens dixit patri suo: »Ecce, tot annis servio tibi et numquam mandatum tuum praeterivi et numquam dedisti mihi haedum, ut cum amicis meis epularer. Sed postquam filius tuus,
35 qui devoravit substantiam suam cum meretricibus, venit, occidisti illi vitulum saginatum.« At ipse dixit illi: »Fili, tu semper mecum es et omnia mea tua sunt. Epulari autem et gaudere oportebat, quia frater tuus hic mortuus erat et revixit. Perierat et inventus est.«

senior, is: älter; **symphonia,** ae (f.): Musik

salvus, a, um: heil, wohlbehalten; **indignari:** sich empören; **introire:** hineingehen, eintreten

praeterire: missachten; **haedus,** i (m.): Böcklein; **devorare:** verschleudern; **meretrix,** icis (f.): Dirne, Prostituierte

perire: zugrunde gehen

A1 Finde im Text Beispiele für die Verwendung von *cum* als Präposition und Subjunktion.

A2 Erkläre die Verwendung des Konjunktivs bei *pasceret* (Z. 10), *manducemus* (Z. 23) und *essent* (Z. 28).

A3 Beschreibe die im Gemälde (Abb. 8) dargestellte Szene. Erläutere, warum der Vater seinen jüngeren Sohn trotz dessen Verfehlungen und Verschwendungssucht mit Freunden bei sich aufnimmt.

A4 Nach der Rückkehr seines Bruders zeigt sich der ältere Sohn irritiert über das Verhalten des Vaters. Entnimm dem Text, warum der Ältere die Wiedersehensfreude missbilligt. Diskutiere anschließend, ob seine Kritik am Vater berechtigt ist.

A5 Auch heute haben Jugendliche oftmals Probleme, mit ihrem Geld verantwortungsvoll umzugehen. Überlege, wo in unserer Zeit Kostenfallen lauern, die junge Menschen um ihr Vermögen bringen können.

Abb. 8: *Die Rückkehr des verlorenen Sohnes*, Gemälde von Rembrandt van Rijn (1668).

6 Schuld und Unschuld

GR: Konjunktive im Hauptsatz – Prohibitiv, Deliberativ und Potentialis

1. Iudex: »Ne clamaveritis in iudicio meo!«
2. Populus: »Nos non mitiges (mitigare: besänftigen), iudex.«
3. Iudex: »Quid nunc faciam?«
4. Populus: »Crediderimus Pilatum iudicem a nobis territum esse.«

Mt 27,11–26

Um das Jahr 30 n. Chr. wird der Wanderprediger Jesus verhaftet und vor den römischen Statthalter Pontius Pilatus geführt. Ihm wird vorgeworfen, durch seine Botschaft das Volk in Judäa aufzuwiegeln …

Iesus autem stetit ante praesidem. Et interrogavit eum praeses dicens: »Tu es rex Iudaeorum?« Dixit autem Iesus: »Tu dicis.« Et cum accusaretur a principibus sacerdotum et senioribus, nihil respondit. Tunc dicit illi Pilatus: »Non
5 audis, quanta adversum te dicant testimonia?« Et non respondit ei ad ullum verbum, ita ut miraretur praeses vehementer.

Per diem autem sollemnem consueverat praeses dimittere turbae unum vinctum, quem voluissent. Habebant autem
10 tunc vinctum insignem, qui dicebatur Barabbas. Congregatis ergo illis dixit Pilatus: »Quem vultis dimittam vobis: Barabbam an Iesum, qui dicitur Christus?« Sciebat enim, quod per invidiam tradidissent eum.

Sedente autem illo pro tribunali misit ad illum uxor eius
15 dicens: »Nihil tibi et iusto illi. Multa enim passa sum hodie per visum propter eum.« Principes autem sacerdotum et seniores persuaserunt turbis, ut peterent Barabbam, Iesum vero perderent. Respondens autem praeses ait illis: »Quem vultis vobis de duobus dimittam?« At illi
20 dixerunt: »Barabbam!« Dicit illis Pilatus: »Quid igitur faciam de Iesu, qui dicitur Christus?« Dicunt omnes: »Crucifigatur!« Ait autem: »Quid enim mali fecit?« At illi magis clamabant dicentes: »Crucifigatur!«

praes, idis (m.): Statthalter; **Iudaei**, orum (m.): Juden; **accusare**: anklagen, beschuldigen; **sacerdos**, dotis (m.): Priester

adversum: *entspr. contra;* **testimonium**, i (n.): Beweis, Zeugnis

dies sollemnis (m.): Festtag (gemeint ist das jüdische Paschafest); **vinctus**, i (m.): Gefangener; **insignis**, e: angesehen, besonders; **congregare**: versammeln

per invidiam: aus Neid

tribunal, is (n.): Richterstuhl

per visum: in einem Traum

crucifigere: kreuzigen, ans Kreuz schlagen; **quid mali:** welches Verbrechen

Videns autem Pilatus, quia nihil proficeret, sed magis
25 tumultus fieret, accepta aqua lavit manus coram turba
dicens: »Innocens ego sum a sanguine hoc. Vos videritis!«
Et respondens universus populus dixit: »Sanguis eius
super nos et super filios nostros.« Tunc dimisit illis Barabbam. Iesum autem flagellatum tradidit, ut crucifigeretur.

lavare: waschen; **coram** (m. Abl.): vor, in Gegenwart von; **innocens, entis:** unschuldig

flagellatum tradere: auspeitschen lassen

A1 Bestimme die Konjunktive *dicant* (Z. 5), *dimittam* (Z. 19), *crucifigatur* (Z. 22 f.).

A2 Erkläre mit Blick auf den Text, warum Pilatus zögert, Jesus zum Tode zu verurteilen.

A3 Begründe, warum sich Pilatus trotz seiner Zweifel zu einer Verurteilung Jesu entschließt.

A4 Die römische Rechtsprechung galt bereits in der Antike als sehr fortschrittlich. Informiere dich in einem Nachschlagewerk oder im Internet über den Ablauf eines Gerichtsprozesses im antiken Rom. Recherchiere dabei auch, welche rechtlichen Grundsätze der Römer bis in unsere Zeit überdauert haben.

A5 Auch der Evangelist Johannes berichtet sehr ausführlich über den Prozess Jesu vor dem römischen Statthalter (s. u.). Vergleiche seine Darstellung mit der des Matthäus.

Zusatztext: Der Pilatus-Prozess bei Johannes (Joh 18,33–19,15; gekürzt)

Pilatus ging wieder in das Prätorium hinein, ließ Jesus rufen und fragte ihn: »Bist du der König der Juden?« Jesus antwortete: »Sagst du das von dir aus, oder haben es dir andere über mich gesagt?« Pilatus entgegnete: »Bin ich denn ein Jude? Dein eigenes Volk und die Hohenpriester haben dich an mich ausgeliefert. Was hast du getan?« Jesus antwortete: »Mein Königtum ist nicht von dieser Welt. Wenn es von dieser Welt wäre, würden meine Leute kämpfen, damit ich den Juden nicht ausgeliefert würde. Aber mein Königtum ist nicht von hier.« Pilatus sagte zu ihm: »Also bist du doch ein König?« Jesus antwortete: »Du sagst es, ich bin ein König. Ich bin dazu geboren und dazu in die Welt gekommen, dass ich für die Wahrheit Zeugnis ablege. Jeder, der aus der Wahrheit ist, hört auf meine Stimme.« Pilatus sagte zu ihm: »Was ist Wahrheit?« Nachdem er das gesagt hatte, ging er wieder zu den Juden hinaus und sagte zu ihnen: »Ich finde keinen Grund, ihn zu verurteilen. Ihr seid gewohnt, dass ich euch am Paschafest einen Gefangenen freilasse. Wollt ihr also, dass ich euch den König der Juden freilasse?« Da schrien sie wieder: »Nicht diesen, sondern Barabbas!« Barabbas aber war ein Straßenräuber. ... Pilatus ging wieder hinaus und sagte zu ihnen: »Seht, ich bringe ihn zu euch heraus; ihr sollt wissen, dass ich keinen Grund finde, ihn zu verurteilen.« ... Daraufhin wollte Pilatus ihn freilassen, aber die Juden schrien: »Wenn du ihn freilässt, bist du kein Freund des Kaisers; jeder, der sich als König ausgibt, lehnt sich gegen den Kaiser auf. ... Weg mit ihm, kreuzige ihn!« Pilatus aber sagte zu ihnen: »Euren König soll ich kreuzigen?« Die Hohenpriester antworteten: »Wir haben keinen König außer dem Kaiser.«

Deutsche Einheitsübersetzung, Katholische Bibelanstalt. Stuttgart 1980.

7 Mensch und Staat I – Steuern für den Kaiser

GR: Ablativus absolutus

1. Multis hostibus superatis et oppidis deletis legiones Romanae magnas regiones expugnaverunt.
2. Imperante Caesare omnes gentes imperii pecuniam Romanis dare debuerunt.
3. Tributa in provinciis collecta Caesar vias novas et templa pulchra in iis regionibus aedificari iussit.
4. Tamen publicanis (Steuerpächter) tributa postulantibus homines saepe indignati sunt.

Mt 22,15–22

Neben religiösen Themen spielen in den Evangelien immer wieder auch Fragen aus dem Alltagsleben eine wichtige Rolle. Vor allem der rechte Umgang mit den ungeliebten Steuern bewegte die Menschen in den Provinzen des Imperium Romanum, wie auch Matthäus überliefert.

Abeuntes Pharisaei consilium inierunt, ut caperent Iesum in sermone. Et mittunt ei discipulos suos cum Herodianis dicentes:

»Magister, scimus, quia verax es et viam Dei in veritate
5 doces et non est tibi cura de aliquo; non enim respicis personam hominum. Dic ergo nobis, quid tibi videatur: Licet censum dare Caesari an non?«

Cognita autem Iesus nequitia eorum ait: »Quid me tentatis, hypocritae? Ostendite mihi nomisma census!« At
10 illi obtulerunt ei denarium. Et ait illis: »Cuius est imago haec et suprascriptio?« Dicunt ei: »Caesaris.« Tunc ait illis: »Reddite ergo, quae sunt Caesaris, Caesari et, quae sunt Dei, Deo!« Et audientes mirati sunt et relicto eo abierunt.

Pharisaei, orum (m.): Pharisäer; **capere:** *hier:* jdm. eine Falle stellen; **Herodiani,** orum (m.): Anhänger des Herodes Antipas (s. S. 26)

quia: *hier:* dass; **verax esse:** die Wahrheit sagen; **respicere:** sehen auf, beachten; **censum dare:** Steuern/Abgaben zahlen; **Caesar,** aris (m.): *hier:* Kaiser

nequitia, ae (f.): Verdorbenheit; **tentare/temptare:** prüfen, auf die Probe stellen; **hypocrita,** ae (m./griech.): Heuchler; **nomisma,** atis (n./griech.): Münze, Geldstück; **denarium,** i (n.): Denar; **suprascriptio,** onis (f.): Aufschrift

A1 Übersetze den Ablativus absolutus in Z. 8 und 13 (*cognita nequitia* und *relicto eo*) mit Adverbialsatz, Beiordnung und Präpositionalausdruck. Entscheide, welche Variante jeweils am treffendsten ist.

A2 Erkläre anhand des Textes, warum es sich bei der Anfrage der Pharisäer an Jesus um eine Falle handelt.

A3 Die Römer besaßen ein für ihre Zeit sehr fortschrittliches Geldwesen. Recherchiere in einem Nachschlagewerk oder im Internet, welche verschiedenen Münzeinheiten im *Imperium Romanum* verbreitet waren und welche Motive die Kaiser auf diese prägen ließen.

A4 Auch heute wird oftmals über die Höhe der Steuern (z. B. der Mehrwertsteuer) und die bisweilen sinnlose Verschwendung derselben geklagt. Diskutiere, ob die Handlungsempfehlung Jesu auch in unserer Zeit noch Gültigkeit besitzt.

A5 Wegen ihres Glaubens wurden die frühen Christen immer wieder zum Ziel staatlicher Verfolgungen. Der römische Autor und Provinzstatthalter Plinius (ca. 61–113 n. Chr.) überliefert in einem Brief an Kaiser Trajan (s. u.) das Vorgehen römischer Behörden gegen die christliche Minderheit.
  a) Beschreibe die Probleme, die der römische Statthalter beim Umgang mit den Christen in seiner Provinz hatte.
  b) Erläutere, wie Plinius mit Personen, die als Christen verdächtigt wurden, vorging.
  c) Überlege, warum es den Christen nicht möglich war, dem Kaiser Opfer darzubringen.

Abb. 9: Silberdenar des Kaisers Tiberius (14–37 n. Chr.), der zurzeit Jesu herrschte (Vorderseite: Kaiserporträt, Rückseite: Abbildung der sitzenden Kaisermutter Livia).

Zusatztext:

Der »Christenbrief« des römischen Statthalters Plinius (Plin. epist. 10,96; gekürzt)

… An den gerichtlichen Untersuchungen gegen Christen habe ich niemals teilgenommen. Ich habe nicht minder Zweifel, ob es irgendeine Unterscheidung nach dem Alter der Beschuldigten gibt oder ob sich auch noch so junge Menschen in keinem Punkt von den älteren unterscheiden; ob Straffreiheit bei Reue gewährt werden soll oder es demjenigen, der überhaupt einmal Christ gewesen ist, nichts nützen soll, von seinem Glauben abgeschworen zu haben; ob schon die Bezeichnung als Christ selbst, auch wenn keine Verbrechen vorliegen, oder nur die mit der Bezeichnung zusammenhängenden Verbrechen bestraft werden sollen.

Inzwischen bin ich mit denjenigen, die bei mir als Christen angezeigt worden waren, auf folgende Weise verfahren: Ich habe sie gefragt, ob sie Christen seien. Wenn sie es gestanden, habe ich ein zweites und drittes Mal gefragt, wobei ich ihnen mit der Todesstrafe drohte. Diejenigen, die standhaft blieben, ließ ich zur Hinrichtung abführen. Denn ich habe nicht daran gezweifelt, dass – was auch immer es sei, das sie bekennen mochten – ihr Starrsinn und ihr unbeugsamer Trotz gewiss bestraft werden müssen. Es gab andere Menschen mit einem ähnlichen Wahnsinn, die ich, da sie römische Bürger waren, vormerken ließ, um sie nach Rom zurückzuschicken …

Diejenigen, die bestritten, dass sie Christen seien oder gewesen seien, glaubte ich entlassen zu müssen, da sie nach meinem Beispiel die Götter anriefen und vor deinem Bilde, das ich zu diesem Zweck mit den Götterbildern hatte herbeischaffen lassen, mit Weihrauch und Wein opferten, außerdem Christus schmähten, wozu wirkliche Christen angeblich nicht gezwungen werden können …

Übersetzung des Autors.

8 Mensch und Staat II – Rechtfertigung der staatlichen Ordnung

GR: Steigerung von Adjektiven
1. Paulus sapientissimus scriptor Christianorum antiquorum fuit.
2. Ille epistulas pulchriores quam multi philosophi Romani scripsit.
3. Saepe posteriores scriptores litteras eius legebant et similiora opera scribebant.
4. Plurimi Christiani etiam hodie epistulam ad Romanos missam non ignorant.

Röm 13,1–10

In seinem Brief an die frühchristliche Gemeinde in Rom thematisiert der Apostel und Theologe Paulus von Tarsus auch das richtige Verhältnis der Menschen gegenüber dem Staat und untereinander sowie die Aufgaben, die an einen christlichen Bürger gestellt werden.

Omnis anima potestatibus sublimioribus subdita sit. Non est enim potestas nisi a Deo. Quae autem sunt, a Deo ordinatae sunt. Itaque qui resistit potestati, Dei ordinationi resistit. Qui autem resistunt, ipsi sibi damnationem acqui-
5 runt. Nam principes non sunt timori boni operis, sed mali.

anima, ae (f.): *hier:* Mensch; **sublimis**, e: hoch, erhaben; **subdere**: unterwerfen; **ordinari**: anordnen, einrichten; **ordinatio**, onis (f.): Ordnung; **acquirere**: bereiten, verschaffen; **opus**, operis (n.): Werk, Tat

Vis autem non timere potestatem? Bonum fac. Et habebis laudem ex illa. Dei enim minister est tibi in bonum. Si autem malum feceris, time! Non enim sine causa gladium portat. Dei enim minister est: Vindex in iram ei,
10 qui malum agit.

minister, tri (m.): *hier:* Dienerin (bezogen auf *potestas*); **vindex … ei**: *erg. est;* **vindex**, icis (m.): *hier:* Rächerin, Anklägerin

Ideo necessitate subditi estote non solum propter iram, sed etiam propter conscientiam! Ideo enim et tributa praestatis: Ministri enim Dei sunt in hoc ipsum servientes. Reddite ergo omnibus debita: Cui tribulatum,
15 tributum, cui vectigal, vectigal, cui timorem, timorem, cui honorem, honorem.

subditus, a, um: unterwürfig, gehorsam (vgl. subdere); **estote**: *Imp. Pl. von esse;* **tributa praestare**: Steuern bezahlen; **debitus**, a, um: schuldig, geschuldet; **tribulatus**, i (m.): *vgl. tributum;* **cui …**: *erg. jeweils debetis*

Qui enim diligit proximum, legem implevit. Nam non adulteraberis, non occides, non furaberis, non falsum testimonium dices, non concupisces. Et si quod est aliud
20 mandatum, in hoc verbo instauratur: Diliges proximum tuum sicut te ipsum. Dilectio proximi malum non operatur. Plenitudo ergo legis est dilectio.

adulterari: Ehebruch begehen; **furari**: stehlen; **testimonium**, i (n.): Beweis, Zeugnis; **instaurare**: *hier:* zusammenfassen; **operari**: bewirken; **plenitudo**, onis (f.): Erfüllung; **dilectio**, onis (f.): *Subst. zu diligere*

A1 Setze den Komparativ *sublimioribus* (Z. 1) in den Positiv und in den Superlativ. Behalte Kasus und Numerus bei.

A2 Lege dar, wie die Menschen mit ihren Mitbürgern richtig umzugehen haben. Nimm hierbei vor allem den letzten Absatz (Z. 17 bis 22) in den Blick.

A3 Erläutere anhand des Textes, wie Paulus den Machtanspruch weltlicher Herrscher (z. B. des römischen Kaisers) rechtfertigt.

A4 Bestimme die rhetorischen Mittel in den Zeilen 11–22 und erkläre ihre Funktion.

A5 Das 13. Kapitel des Römerbriefes gilt als eine Begründung für das sogenannte »Gottesgnadentum«, auf das sich auch die Fürsten in der Zeit des Absolutismus (17.–18. Jahrhundert) beriefen. Recherchiere in einem Nachschlagewerk oder im Internet, welche Merkmale für diese Herrschaftsform kennzeichnend waren.

A6 Bereits die deutschen Könige des Mittelalters bezogen sich bei ihrer Thronbesteigung auf Gott, wie sich in der Einleitung des Krönungseides zeigt:

»Nos divina favente clementia rex Romanorum ...«
(»Wir, durch die Gunst der göttlichen Gnade König der Römer ...«)

Überlege ausgehend vom Brief des Paulus, welches Interesse die Könige mit diesem expliziten Verweis auf Gott verfolgten.

Abb. 10: Perikopenbuch Heinrichs II. Christus selbst verleiht dem Herrscher und seiner Gemahlin Kunigunde die Königswürde (erstellt zwischen 1007–1012 im Kloster Reichenau).

9 Ist Glauben allein genug?

GR: Personal- und Possessivpronomen

1. Iacobus: »Mittam epistulam meam ad vos, quia pia multitudine vestrorum gaudeo.
2. Fides nostra quidem necessaria est, sed etiam facta et opera mihi bona videntur.
3. Placetne nobis videre multos homines, qui in summa inopia vivunt?
4. Ego itaque vos peto, ut partem pecuniae suae mecum hominibus miseris donetis.«

Jak 2,14–26

Jakobus, einer der Vordenker des frühen Christentums, behandelt in einem Brief an die christlichen Gemeinden die Frage, wie sich der Einzelne gegenüber seinen Mitmenschen verhalten soll und welche Rolle der Glaube dabei spielt.

Quid proderit, fratres mei, si fidem quis dicat se habere, opera autem non habeat? Numquid poterit fides salvare eum? Si autem frater et soror nudi sint et indigeant victu cotidiano, dicat autem aliquis ex vobis illis: »Ite in pace,
5 calefacimini et saturamini!« Non dederitis autem eis, quae necessaria sunt corpori, quid proderit?

opus, eris (n.): *hier:* (gute) Tat; **numquid:** etwa; **salvare:** retten; **nudus,** a, um: nackt; **indigēre:** bedürfen, brauchen; **victus,** us (m.): Nahrung; **calefacere:** wärmen; **saturare:** sättigen

Sic et fides, si non habeat opera, mortua est in se ipsa. Sed dicet quis: »Tu fidem habes et ego opera habeo. Ostende mihi fidem tuam sine operibus et ego ostendam tibi ex
10 operibus fidem meam!« Tu credis, quoniam unus est Deus. Bene facis. Et daemones credunt et contremiscunt.

daemon, onis (m.): Dämon, böser Geist; **contremiscere:** erzittern, erbeben; **inanis,** e: *hier:* eitel, unvernünftig

Vis autem scire, o homo inanis, quoniam fides sine operibus mortua est? Abraham pater noster nonne ex operibus iustificatus est offerens Isaac filium suum super altare?
15 Vides, quoniam fides cooperabatur operibus illius. Et ex operibus fides consummata est? Et suppleta est Scriptura dicens: Credidit Abraham Deo et reputatum est illi ad iustitiam et amicus Dei appellatus est.

iustificare: gerecht machen; **altare,** is (n.): *vgl. dt. Fremdwort;* **cooperari:** zusammenpassen, zusammenwirken mit; **consummare:** vollenden; **Scriptura,** ae (f.): die (heilige) Schrift; **reputare:** anrechnen

Videtis, quoniam ex operibus iustificatur homo, et non
20 ex fide tantum. Sicut enim corpus sine spiritu mortuum est, ita et fides sine operibus mortua est.

A1 Suche im Text alle Personal- und Possessivpronomina und bestimme deren Kasus und Numeri.

A2 Setze die folgenden Pronomina in den Singular bzw. Plural.
tibi   suo   ego   vestrarum   meum (2)   vobis

A3 Die im Jakobusbrief enthaltenen Forderungen gelten als frühes Beispiel für christliche Nächstenliebe. Entnimm dem Text, welchen Personengruppen sich die Christen besonders zuwenden sollen.

A4 Überlege, wie die von Jakobus geforderten guten Taten in der heutigen Zeit aussehen könnten.

A5 Im dritten Absatz (Z. 12 ff.) nimmt Jakobus auf eine Episode aus dem Alten Testament Bezug, in welcher Abraham seinen eigenen Sohn Isaak opfern will (s. Zusatztext).
  a) Lies den Zusatztext und erkläre, warum der Vater seinen Sohn als Opfer darbringen will.
  b) Bewerte Abrahams Verhalten und begründe, warum er von Jakobus als positives Beispiel aufgeführt wird.

Zusatztext: Die Opferung Isaaks (Gen 22,1–18; gekürzt)

Gott stellte Abraham auf die Probe. Er sprach zu ihm: »Abraham!« Dieser antwortete: »Hier bin ich.« Gott sprach: »Nimm deinen Sohn, deinen einzigen, den du liebst, Isaak, geh in das Land Morija und bring ihn dort auf einem der Berge, den ich dir nenne, als Brandopfer dar.« Frühmorgens stand Abraham auf, sattelte seinen Esel, holte seine beiden Jungknechte und seinen Sohn Isaak, spaltete Holz zum Opfer und machte sich auf den Weg zu dem Ort, den ihm Gott genannt hatte. … Nach einer Weile sagte Isaak zu seinem Vater Abraham: »Vater!« Jener antwortete: »Ja, mein Sohn!« Darauf fragte Isaak: »Hier sind Feuer und Holz. Wo aber ist das Lamm für das Brandopfer?« Abraham entgegnete: »Gott wird sich das Opferlamm aussuchen, mein Sohn.« … Als sie an den Ort kamen, den ihm Gott genannt hatte, baute Abraham den Altar, schichtete das Holz auf, fesselte seinen Sohn Isaak und legte ihn auf den Altar, oben auf das Holz.

Schon streckte Abraham seine Hand aus und nahm das Messer, um seinen Sohn zu töten. Da rief ihm der Engel des Herrn vom Himmel her zu: »Abraham, Abraham!« Dieser antwortete: »Hier bin ich.« Jener sprach: »Streck deine Hand nicht gegen den Jungen aus und tu ihm nichts zuleide! Denn jetzt weiß ich, dass du Gott fürchtest; du hast mir deinen einzigen Sohn nicht vorenthalten. … Weil du das getan hast und deinen einzigen Sohn mir nicht vorenthalten hast, will ich dir Segen schenken in Fülle und deine Nachkommen zahlreich machen wie die Sterne am Himmel und den Sand am Meeresstrand. Deine Nachkommen sollen das Tor ihrer Feinde einnehmen. Segnen sollen sich mit deinen Nachkommen alle Völker der Erde, weil du auf meine Stimme gehört hast.«

Deutsche Einheitsübersetzung, Katholische Bibelanstalt. Stuttgart 1980.

Eigennamenverzeichnis

Abraham, ae (m.):	Abraham, Stammvater der Israeliten und eine zentrale Figur des Alten Testaments
Barabbas, ae (m.):	berüchtigter Mörder und Straßenräuber zur Zeit Jesu
Bethleem (indekl., n.):	Bethlehem, Kleinstadt südlich von Jerusalem
Caesar Augustus, i (m.):	Augustus (63 v.–14 n. Chr.), erster römischer Kaiser
David (indekl., m.):	David (um 1000 v. Chr.), der Überlieferung nach zweiter König der Juden
Galilaea, ae (f.):	Galiläa, Landschaft nördlich von Judäa
Herodes, is (m.):	Herodes Antipas (ca. 20 v. –39 n. Chr.), Tetrarch von Galiläa und römischer Vasall
Iacobus, i (m.):	Jakobus (1. Jh. n. Chr.), Verfasser eines bedeutenden biblischen Briefes, möglicherweise ein Bruder Jesu
Iesus, i (m.):	Jesus von Nazareth (ca. 4 v.–30 n. Chr.), Wanderprediger, wird von römischen Behörden verurteilt und hingerichtet und von den Christen als Sohn Gottes und Messias verehrt
Ioseph, i (m.):	Josef, Zimmermann und Vater Jesu
Iudaea, ae (f.):	Judäa, seit 63 v. Chr. römische Provinz
Isaac (indekl., m.):	Isaak, Sohn Abrahams und bedeutende Figur des Alten Testaments
Maria, ae (f.):	Maria, Mutter Jesu
Nazareth (indekl., f.):	Nazareth, Stadt in Galiläa und Heimat der Eltern Jesu
Paulus, i (m.):	Paulus von Tarsus (ca. 5–67 n. Chr.), bedeutender frühchristlicher Theologe und Apostel
Pharisaei, orum (m.):	Pharisäer, religiöse und politische Gruppierung im Judentum
Pontius Pilatus, i (m.):	Pontius Pilatus, unter Kaiser Tiberius Präfekt (Statthalter) von Judäa und Samaria
Quirinius, i (m.):	P. Sulpicius Quirinius (ca. 45 v.–21 n. Chr.), römischer Statthalter der Provinz Syrien

Lernwortschatz

1 Die Erschaffung der Welt I – Erde, Himmel, Meere (Gen 1,1–1,19)

aspicere, aspicio, aspexi, aspectum	ansehen, betrachten
luna, ae (f.)	Mond
dividere, divido, divisi, divisum	teilen, trennen
colere, colo, colui, cultum	bebauen, pflegen; verehren
5 proferre, profero, protuli, prolatum	vorantragen; hervorbringen
creare	erschaffen, hervorbringen
mane (Adv./Subst.)	morgens, früh; der Morgen
apparēre, appareo, apparui	erscheinen, sichtbar werden
iuxta (Präp. m. Akk.)	neben
10 lignum, i (n.)	Holz
praeesse, praesum, praefui	voranstehen, an der Spitze stehen

2 Die Erschaffung der Welt II – Bewohner der neuen Erde (Gen 1,20–2,2)

herba, ae (f.)	Pflanze
vivere, vivo, vixi, victurus	leben
opus, operis (n.)	Werk
subicere, subicio, subieci, subiectum	unterwerfen, untertan machen
5 producere, produco, produxi, productum	hervorbringen
anima, ae (f.)	Lebewesen
super (Präp. m. Akk.)	auf, über, oberhalb (von)
crescere, cresco, crevi, cretum	wachsen, heranwachsen
avis, is (f.)	Vogel
10 genus, generis (n.)	Art, Gattung
imago, imaginis (f.)	Bild, Abbild

3 Die Weihnachtsgeschichte (Lc 2,1–20)

edictum, i (n.)	Erlass, Anordnung
civitas, atis (f.)	Bürgerschaft, Staat; Stadt

pastor, oris (m.)	Hirte
vigilare	wach sein, wachen
5 angelus, i (m.)	Engel
universus, a, um	ganz, gesamt
orbis, is (m.)	Erdkreis, Welt
singuli, ae, a	einzeln
infans, antis (m.)	Kleinkind, Säugling
10 voluntas, atis (f.)	Wille
discedere, discedo, discessi, discessum	weggehen, sich entfernen
transire, transeo, transii, transitum	hinübergehen
mirari, miror, miratus sum	staunen, sich wundern
reverti, revertor, reverti, reversum	zurückkehren, umkehren
15 sicut	wie

4 Die Bergpredigt – das Grundsatzprogramm eines neuen Glaubens? (Mt 5,1–7,12)

ascendere, ascendo, ascendi, ascensum	hinaufgehen, besteigen
aperire, aperio, aperui, apertum	öffnen, aufmachen
os, oris (n.)	Mund
possidēre, possideo, possedi, possessum	besitzen
5 sitire, sitio, sitivi, sititum	Durst haben, dürsten
consequi, consequor, consecutus sum	erreichen, erlangen
pati, patior, passus sum	erleiden, ertragen, erdulden
persequi, persequor, persecutus sum	verfolgen
diligere, diligo, dilexi, dilectum	lieben, achten, schätzen
10 resistere, resisto, restiti	sich widersetzen, Widerstand leisten
merces, mercedis (f.)	Lohn
proximus, i	der Nächste, Mitmensch
lex, legis (f.)	Gesetz

5 Der verlorene Sohn (Lk 15,11–32)

cupere, cupio, cupivi, cupitum	wünschen, begehren, wollen
adulescens, entis	jung

	proficisci, proficiscor, profectus sum	aufbrechen, reisen
	luxuriosus, a, um	verschwenderisch
5	civis, is (m.)	Bürger
	implēre, impleo, implevi, impletum	füllen, anfüllen
	panis, is (m.)	Brot
	misericordia, ae (f.)	Mitleid, Barmherzigkeit
	cito (Adv.)	schnell
10	adducere, adduco, adduxi, adductum	herbeiführen, hinführen
	servire, servio, servivi, servitum	dienen, zu Diensten sein
	invenire, invenio, inveni, inventum	finden, erfinden

6 Schuld und Unschuld (Mt 27,11–26)

	iudex, icis (m.)	Richter
	interrogare	fragen, befragen
	princeps, cipis (m.)	Anführer, Fürst; Pl. führende Männer
	consuescere, consuesco, consuevi, consuetum	sich gewöhnen (an)
5	dimittere, dimitto, dimisi, dimissum	entlassen, freilassen
	tradere, trado tradidi, traditum	übergeben, ausliefern, verraten
	uxor, oris (f.)	Ehefrau, Gattin
	persuadēre, persuadeo, persuasi, persuasum	überreden, überzeugen
	vero	aber
10	perdere, perdo, perdidi, perditum	verderben, zugrunde richten
	proficere, proficio, profeci, profectum	etwas ausrichten, vorankommen
	tumultus, us (m.)	Aufruhr, Unruhe

7 Mensch und Staat I – Steuern für den Kaiser (Mt 22,15–22)

	superare	besiegen, überwinden
	tributum, i (n.)	Abgabe, Steuer
	indignari, indignor, indignatus sum	sich empören, sich ärgern
	abire, abeo, abii, abitum	weggehen
5	consilium inire	einen Plan schmieden, einen Beschluss fassen

sermo, onis (m.)	Gespräch, Unterredung
veritas, atis (f.)	Wahrheit, Richtigkeit
cognoscere, cognosco, cognovi, cognitum	erkennen, bemerken, wahrnehmen
ostendere, ostendo, ostendi, ostentum	zeigen, entgegenhalten
10 reddere, reddo, reddidi, redditum	(zurück)geben
relinquere, relinquo, reliqui, relictum	verlassen, zurücklassen

8   Mensch und Staat II – Rechtfertigung der staatlichen Ordnung (Röm 13,1–7)

sapiens, entis	weise, klug
scriptor, oris (m.)	Schriftsteller
potestas, atis (f.)	(weltliche) Macht, Amtsgewalt
nisi	wenn nicht, außer
5 damnatio, onis (f.)	Verdammnis, Verurteilung
laus, laudis (f.)	Lob, Ruhm
agere, ago, egi, actum	tun, machen, handeln
necessitas, atis (f.)	Notwendigkeit; Notlage
conscientia, ae (f.)	Gewissen
10 vectigal, alis (n.)	Abgabe, Steuer
occīdere, occido, occidi, occisum	töten
mandatum, i (n.)	Auftrag, Befehl, Gebot

9   Ist Glauben allein genug? (Jak 2,14–26)

multitudo, onis (f.)	große Anzahl, Menge
fides, ei (f.)	Glaube, Vertrauen
prodesse, prosum, profui	nützen, nützlich sein
soror, oris (f.)	Schwester
5 cotidianus, a, um	alltäglich, täglich
necessarius, a, um	notwendig, nötig
quoniam	dass, weil
offerre, offero, obtuli, oblatum	anbieten, darbieten
supplēre, suppleo, supplevi, suppletum	erfüllen
10 appellare	nennen, bezeichnen
spiritus, us (m.)	Geist

Zeittafel – Entstehung und Verbreitung des frühen Christentums

8.–2. Jahrhundert v. Chr.	Entstehung des Alten Testaments
ca. 4 v. Chr.	Geburt Jesu von Nazareth
28 n. Chr.	erstes öffentliches Auftreten Jesu
30 n. Chr.	Prozess und Hinrichtung Jesu
50–64 n. Chr.	Abfassung der Paulus-Briefe
ca. 60–90 n. Chr.	Abfassung der vier Evangelien
64 n. Chr.	erste Christenverfolgung unter Kaiser Nero
249–251 n. Chr.	Christenverfolgung unter Kaiser Decius
303–311 n. Chr.	Christenverfolgung unter Kaiser Domitian
313 n. Chr.	Toleranzedikt von Mailand auf Veranlassung Kaiser Konstantins: Ende der Christenverfolgungen, Förderung der christlichen Gemeinden durch den römischen Staat
ca. 320 n. Chr.	Gründung der ersten Klöster
380 n. Chr.	Kaiser Theodosius I. erklärt das Christentum zur römischen Staatsreligion

Abb. 11: Grabstein mit Fisch-Symbol, dem Erkennungszeichen der frühen Christen (frühes 3. Jahrhundert).

Bildnachweis

Abb. 2: www.allmystery.de
Alle übrigen Abbildungen: Wikipedia/Wikimedia Commons

Literatur

Textgrundlage

Biblia Sacra Vulgata, hrsg. von R. Weber und R. Gryson. Stuttgart ⁵2007.

Weiterführende Literatur

Fischer, B.: Beiträge zur Geschichte der lateinischen Bibeltexte. Freiburg 1986.
Fürst, A.: Hieronymus. Askese und Wissenschaft in der Spätantike. Freiburg 2003.
Gameson, R. (Hg.): The Early Medieval Bible. Cambridge 1994.
Geerlings, W.: Theologen der christlichen Antike. Darmstadt 2002.
Jungblut, R.: Hieronymus. Darstellung und Verehrung eines Kirchenvaters. Tübingen 1968.
Leppin, H.: Die Kirchenväter und ihre Zeit. München 2000.
Lössl, J.: Hieronymus – ein Kirchenvater, in: Väter der Kirche. Ekklesiales Denken von den Anfängen bis in die Neuzeit, hrsg. von J. Arnold [u. a.]. Paderborn 2004, S. 431–464.
Rebenich, S.: Jerome, The Early Fathers of the Church. London [u. a.] 2002.
Ronnenberg, K. C.: Mythos bei Hieronymus. Zur christlichen Transformation paganer Erzählungen in der Spätantike. Stuttgart 2015.
Williams, M. H.: The Monk and the Book: Jerome and the making of Christian Scholarship, Chicago 2006.
Wissemann, M.: Schimpfworte in der Bibelübersetzung des Hieronymus. Heidelberg 1992.